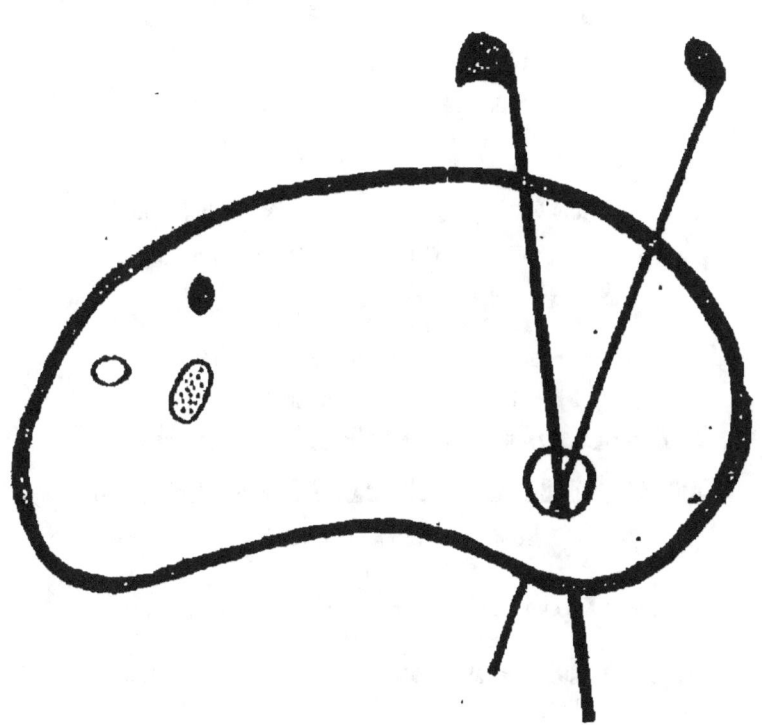

**DEBUT D'UNE SERIE DE DOCUMENTS
EN COULEUR**

# CATALOGUE

D'UN GRAND NOMBRE

# D'ESTAMPES

## FRANÇAISES ET ÉTRANGÈRES,

encadrées et en feuilles,

GRAVÉES AU BURIN ET A L'AQUATINTE,

D'UN

Grand assortiment de Lithographies, par nos meilleurs artistes,

SUJETS, VUES, PAYSAGES,

Chasses, Costumes, Modèles et Principes

de dessins, en tout genre,

DONT LA VENTE AUX ENCHÈRES PUBLIQUES AURA LIEU

PAR CESSATION DE COMMERCE

### De la maison GIHAUT frères,

HOTEL DES COMMISSAIRES-PRISEURS,

**Rue Drouot,**

Salle n. 1, au 1er,

LE LUNDI 3 AVRIL 1854 ET LES TROIS JOURS SUIVANTS,

heure de midi.

Par le ministère de Me **BONNEFONS DE LAVIALLE**,
Commissaire-Priseur, rue de Choiseul, 11.

---

*EXPOSITION PUBLIQUE*

Le Dimanche 2 Avril 1854, de midi à quatre heures.

---

LE CATALOGUE SE DISTRIBUE :

Chez { Me BONNEFONS DE LAVIALLE, rue de Choiseul, 11 ;
M. DEFER, quai Voltaire, 21 ;
MM. GIHAUT frères, boulevart des Italiens, 5.

---

1854

M. Badiour

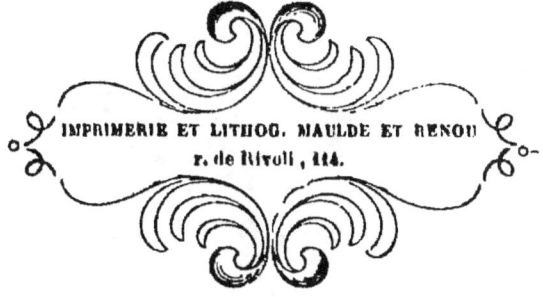

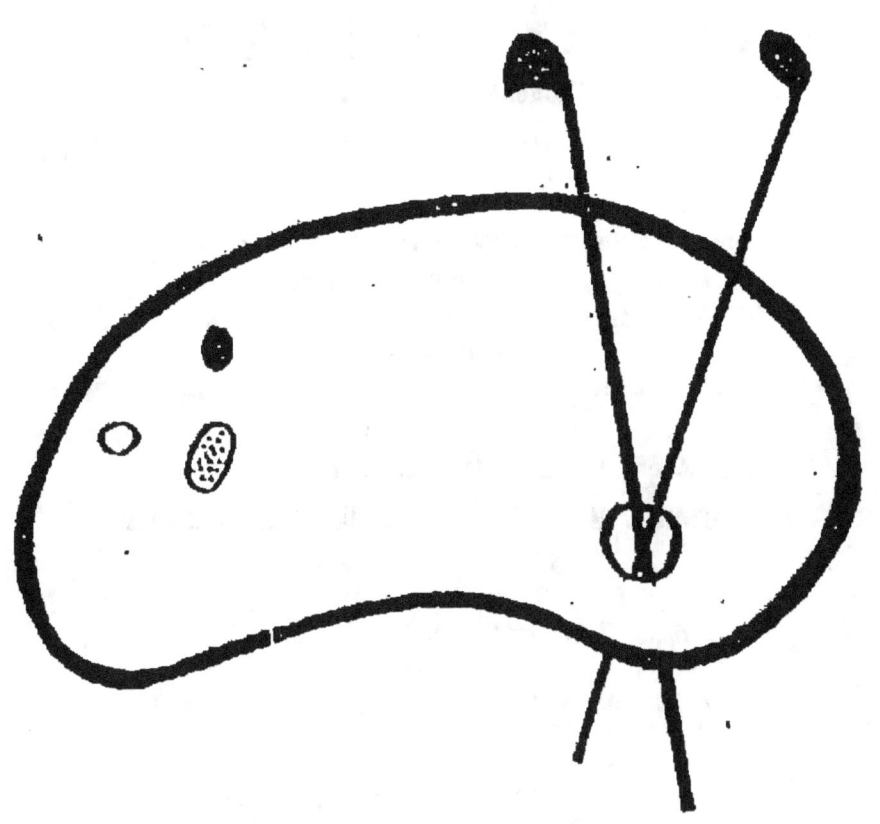

FIN D'UNE SERIE DE DOCUMENTS EN COULEUR

# CATALOGUE

D'UN GRAND NOMBRE

# D'ESTAMPES

FRANÇAISES ET ÉTRANGÈRES,

encadrées et en feuilles,

**GRAVÉES AU BURIN ET A L'AQUATINTE,**

D'UN

Grand assortiment de Lithographies, par nos meilleurs artistes,

SUJETS, VUES, PAYSAGES,

Chasses, Costumes, Modèles et Principes

de dessins, en tout genre,

DONT LA VENTE AUX ENCHÈRES PUBLIQUES AURA LIEU

PAR CESSATION DE COMMERCE

## De la maison GIHAUT frères,

**HOTEL DES COMMISSAIRES-PRISEURS,**

### Rue Drouot,

Salle n. 4, au 1er,

LE LUNDI 3 AVRIL 1854 ET LES TROIS JOURS SUIVANTS,

heure de midi.

Par le ministère de M° **BONNEFONS DE LAVIALLE**,
Commissaire-Priseur, rue de Choiseul, 11,

*EXPOSITION PUBLIQUE*

Le Dimanche 2 Avril 1854, de midi à quatre heures.

LE CATALOGUE SE DISTRIBUE :

Chez
- M° BONNEFONS DE LAVIALLE, rue de Choiseul, 11;
- M. DEFER, quai Voltaire, 21;
- MM. GIHAUT frères, boulevart des Italiens, 5.

1854

## AVERTISSEMENT.

La vente de Livres à figures, recueils et ouvrages de tous genres, se fera vers la fin d'avril.

Celles des dessins sur pierre et éditions faisant partie du même fonds de commerce sera annoncée ultérieurement.

## CONDITIONS DE LA VENTE.

Elle sera faite au comptant.

Les acquéreurs paieront 5 pour cent en sus des enchères applicables aux frais de vente.

## ORDRE DES VACATIONS.

Il sera vendu à chaque vacation des lots d'estampes et lithographies, principes de dessin, de bonnes estampes françaises et étrangères encadrées et en feuilles.

# DÉSIGNATION

# DES ESTAMPES.

## Gravures Françaises et Étrangères, encadrées.

1 — Les batailles d'Alexandre, gravées par Audran et Edelinck, d'après Lebrun. Anciennes épreuves provenant de la vente de M. le baron de Trémont.

2 — Les Moissonneurs, gravée par M. Mercuric, d'après Léopold Robert.

3 — François Ier et Charles-Quint visitant les caveaux de Saint-Denis, gravée par M. Forster, d'après Gros. Exemplaire avant la lettre.

4 — Les Trois Graces, gravées par M. Forster, d'après Raphaël.

5 — Le cardinal Richelieu et le cardinal Mazarin, deux estampes gravées par M. Girard, d'après M. Delaroche.

6 — La bataille d'Austerlitz, gravée par Godefroy, d'après Gérard. Belle épreuve avant la lettre.

7 — Le Christ consolateur, gravé par M. H. Dupont.
   Le Christ rémunérateur, gravé par M. Blanchart, d'après M. Ary Scheffer. Deux estampes.

8 — Un Rêve de bonheur, gravée par M. Jazet, d'après Papety.

9 — La Saltarella, gravé par M. Alp. Martinet, d'après M. Muller.

10 — La Cène, gravée par Wagnener, d'après L. de Vinci.

11 — Le vœu de Louis XIII, gravé par M. Calamata, d'après M. Ingres. Épreuve papier de Chine.

12 — Les Italiennes à la fontaine, et les Vendanges à Naples, gravées par M. Girard, d'après M. Winter Halter. Deux estampes.

13 — Le Mauvais Sujet, et les Enfants surpris par un loup, deux sujets gravés par M. Jazet, d'après M. Grenier. Épreuves avant la lettre.

14 — Hippocrate refusant les présents d'Artaxerce, gravé par Massard, d'après Girodet. Épreuve avant la lettre.

15 — La même estampe, épreuve avec la lettre avant l'accent.

16 — Napoléon passant le mont Saint-Bernard, gravé par M. François, d'après M. Paul Delaroche.

17 — Napoléon III passant la revue à Satory, gravée par M. Jazet, d'après M. H. Vernet.
18 — La Vierge à la chaise, gravée par M. Pelée, d'après Raphaël.
19 — Napoléon à la Malmaison, gravée par Godefroy, d'après Isabey.
20 — L'Enfant charitable, gravée par M. Thevenin, d'après M. Scheffer. Épreuve avant la lettre.
21 — Mina et Brenda, gravée par Mail, d'après Johannot. Epreuve avant la lettre.
22 — Le Christ en croix, gravée par M. Forster, d'après Sébastien del Piombo.
23 — Péché mignon, gravée par Posselwhite, d'après M. Vidal. Epreuve avant la lettre sur papier de Chine.
24 — Les Enfants d'Edouard, gravé par M. Prud'homme, d'après M. Delaroche.
25 — Françoise de Rimini, gravée par M. Calamatta, d'après M. Scheffer.
26 — Eliezer chez Bathuel, et Rebecca et Eliezer, deux sujets gravés par M. Rollet, d'après M. Schopin.
27 — Napoléon et son fils, gravée par Sixdeniers, d'après M. Steuben.
28 — Just Caught. Renard venant d'attraper un canard, gravée par Rayall, d'après Landseer.
29 — *The impeding mate and mated.* Deux estampes.

30 — Gaston, dit l'Ange de Foix, et Louis XI à Amboise, deux sujets gravés par M. Rollet, d'après M. Jacquand.
31 — La dernière Revue au Carousel, gravée par M. Jazet, d'après M. H. Vernet
32 — Le Bon Conseil et le Mauvais Conseil, deux sujets gravés par M. Chollet, d'après le comte Calix.
33 — Deux sujets de J.-J. Rousseau, gravés par M. Jazet, d'après MM. Schlesinger et Lansac.
34 — La Siesta, gravée par M. H. Cousins, d'après M. Winther-Halter.
      Voltaire et M<sup>lle</sup> du Noyer, gravée par M. Martinet, d'après M. Schlesinger.
35 — Les Muses et les Piérides, gravée par M. Desnoyers, d'après Perin del Vaga.
36 — Le Giaour, gravée par M. Jazet, d'après M. H. Vernet. Epreuve avant la lettre.
37 — Luther, Melanchton et Pomeranus, lithographiée par M. Léon Noël, d'après M. Labouchère.
38 — Maître Wolfrand et Hélène Adelsfreit, deux lithographies, par Leund.
39 — *The Mother's dream and the Believer's vision.* Deux estampes.
40 — Une gravure anglaise. Gloria Patri.
41 — Le Congrès de Vienne, gravée par Godefroy et Mécou, d'après Isabey.
42 — Quantité de gravures au burin et à la manière noire, encadrées.

43 — Quantité de gravures encadrées, le Congrès de Vienne, la Esméralda, Andromaque, Vénus d'après le Titien, Charlotte Corday, Jeanne d'Arc, Education morale et religieuse, Jésus bénissant les enfants, etc., etc.

Cet article sera divisé.

## Gravures au burin, en feuilles.

44 — La Madone de saint Sixte, gravée par Muller, d'après Raphaël.

45 — Les Sabines, gravées par Massard, d'après David.

46 — Le chien du régiment et le trompette mort. Deux sujets gravés par Ch. Johannot, d'après M. H. Vernet. Epreuves avant la lettre, papier de Chine.

47 — La revue du général Bonaparte, premier consul, gravée par Panquet et Mecou, d'après M. Isabey. Epreuve avant la lettre.

48 — Le Congrès de Vienne, gravé par Godefroy, d'après M. Isabey. Epreuve sur papier de Chine.

49 — Les honneurs rendus à Raphaël, gravé par Sixdeniers, d'après Bergeret.

50 — Le mariage de la Vierge, gravé par Folo, d'après Raphaël. Epreuve avant la lettre.

51 — La Vierge Sanctissima Mater Dei, gravée par Stienla, d'après Holbein.

52 — Bonaparte à la Malmaison, gravé par Godefroy, d'après M. Isabey.

53 — La Cène, gravée par Folo, d'après L. de Vinci. Epreuve avant la lettre.

54 — Gustave Wasa, gravé par M. H. Dupont, d'après M. Hersent.

55 — La belle jardinière, gravée par Laugier, d'après Raphaël.

56 — La femme hydropique, par Claessens, d'après Gérard Dow. Epreuve avant la lettre.

57 — Le ménage hollandais. Epreuve avant toute lettre.

58 — Les trois âges, gravé par Raphaël Morghen, d'après Gérard. Epreuve avant toute lettre.

58 — Corine, gravée par Leroux, d'après Gérard. Epreuve avant la lettre.

59 — Andromaque, gravée par Richomme, d'après Guérin. Epreuve avant la lettre, papier de Chine.

60 — L'enlèvement de Psyché, gravé par Ch. Muller, d'après Prudhon. Epreuve avant la lettre.

61 — L'Annonciation, gravée par Bridoux, d'après Murillo.

62 — Les pélerins sur les marches de Saint-Pierre, gravé par M. François, d'après M. Delaroche. Epreuve avant la lettre.

63 — Napoléon à Fontainebleau, 31 mars 1814, au moment de signer son abdication, gravé par M. François, d'après M. Delaroche.

64 — Le Christ, gravé par Lorichon, d'après le Titien. Epreuve avant la lettre, papier de Chine.

65 — L'Innocence, gravée par Aristide Louis, d'après Greuze. Epreuve avant la lettre, papier de Chine.

66 — La même estampe. Epreuve avec la lettre, papier de Chine.

67 — Sainte Cécile, gravée par Bernardi, d'après M. Scheffer. Epreuve avant la lettre.

68 — Napoléon et son fils, gravé par M. Frédérick Weber, d'après M. Steuben. Epreuve avant la lettre, papier de Chine, n. 43.

69 — Les Trois Grâces, gravées par M. Forster, d'après Raphaël.

70 — La Madona della Torre, d'après Raphaël.

71 — Italiennes à la fontaine, gravées par M. Weber, d'après M. Keyser.

72 — La Vierge à la Chaise, gravée par M. Desnoyers, d'après Raphaël.

73 — *Virgin with the passion flower*, gravée par M. Bridoux, d'après lady Alfred.

74 — La Joconde, gravée par Fauchery, d'après Léonard de Vinci. Epreuve avant la lettre, papier de Chine.

75 — Rebecca enlevée par le Templier, gravée par Girard, d'après M. Coigniet.

76 — Portrait de M. Guizot, gravé par M. Calamatta, d'après M. Delaroche.

77 — Le Christ porté au tombeau, gravé par Joanès, d'après le Titien.

78 — Pic de la Mirandole. Education maternelle, gravé par M. François, d'après M. Paul Delaroche.

79 — Lord Strafford, gravé par M. H. Dupont, d'après M. Paul Delaroche.

80 — *Mater Pulchra Dilectionis*, gravé par Scotto, d'après Raphaël.

81 — *Die heelige familie*, gravée par Amsler, d'après Raphaël.

82 — La Vierge à la Légende, gravée par M. Forster, d'après Raphaël. Epreuve avant la lettre, n. 108.

83 — Les Sibylles, gravées par M. Dieu, d'après Raphaël.

84 — Le Jugement de Salomon, d'après le Poussin, par Morel. Epreuve avant toute lettre.

85 — Moïse sauvé des eaux, gravé par H. Laurent, d'après le Poussin. Epreuve avant la lettre, papier de Chine.

86 — *The infancy of Moses*, gravé par Blanchard, d'après Eddis.

87 — Sainte Anne, la Vierge et l'Enfant-Dieu, gravé par Laugier, d'après Léonard de Vinci.

88 — Pierre-le-Grand dans la barque, d'après Steuben. Charles XII, roi de Suède, d'après Schnetz. Deux sujets gravés par Migneret. Epreuves avant toutes lettres, sur papier de Chine.

89 — Sainte Cécile, gravée par M. Laugier, d'après Stella.

90 — L'Aurore et Céphale, gravé par M. Forster, d'après Guérin. Epreuve lettre grise, sur papier de Chine.

91 — Pygmalion, gravé par M. Laugier, d'après Girodet. Angélique, gravée par Allais, d'après Rioult. Epreuves avant la lettre, sur papier de Chine.

92 — Etienne-Denis de Pasquier, gravé par M. Martinet, d'après M. H. Vernet. Portrait de M***, gravé par M. H. Dupont, d'après M. Paul Delaroche.

93 — *Noemi and her Danghters in law*, gravé par M. Chevallier, d'après O. Neil.

94 — Portrait de Grégoire XVI, gravé par M. H. Dupont, d'après M. Paul Delaroche. Le portrait de M. H. Dupont, gravé par lui-même.

95 — *Die darstelling an Temple*, gravé par Rhal, d'après Bartholoméo.

96 — La famille malheureuse, gravée par Carron, d'après Prudhon. Epreuve avant la lettre.

97 — Quatre sujets. Van Dyck, Marie-Stuart, le Tasse et sa sœur, la Sculpture, d'après Ducis. Epreuves avant la lettre.

98 — Deux sujets. Bianca Capello, d'après Ducis, Epreuve avant la lettre, sur papier de Chine.

99 — Le champ de bataille d'Eylau, gravé par Longhi. Epreuve non terminée.

100 — Portrait de M<sup>me</sup> la duchesse de Berry, gravé d'après Kinson. Epreuve avant toute lettre, sur papier de Chine.

101 — La leçon d'Henri IV, Sully et Gabriel. Deux sujets.

102 — Arioste arrêté par les brigands. Les moines rançonnés. Deux sujets avant la lettre, sur papier de Chine.

103 — Le Tasse au couvent de Saint Onofrio, d'après M. Léon Fleury, par M. Dieu.

104 — Saint Louis, d'après Boisselier. La mort de Roland, d'après Michalon. Enlèvement de Proserpine, d'après Raymond. Trois estampes.

105 — Frédérick d'Urbain et la Fornarina, d'après Raphaël. Deux estampes.

106 — Laure et Pétrarque, la fille du Titien, le Titien et Philippe de Champagne. Quatre estampes.

107 — Frédérick d'Urbain et Thalie, d'après Raphaël. Deux estampes.

108 — Cinq pièces. Jugement de Pâris, Diane et Endymion, Héro et Léandre. Mort de Léandre, etc.

109 — Jeunesse de Voltaire, Rousseau, Frédérick et Voltaire, Montaigne et le Tasse. Quatre pièces.

110 — La chaumière dévastée, la veuve du soldat et autres, d'après M. Scheffer. Six estampes.

111 — Le martyre de sainte Cécile, gravé par M. Dieu, d'après Jules Romain.

112 — Marcus Sextus, gravé par Blot, d'après Guérin. Epreuve avant la lettre, sur papier de Chine.

## Gravures en aquatinte par M. Jazet.

113 — Judith va trouver Holopherne, et pendant, d'après M. H. Vernet. Deux estampes.

114 — Faust et Marguerite, gravés par Jaset d'après Cornu. Deux estampes.

115 — Siècle de François Ier, Siècle de Louis XV. Deux estampes d'après Mosiau par Jazet et Debucourt.

116 — Jésus endormi au milieu de la tempête et Jésus montant au Calvaire. Deux estampes par M. Jazet d'après Blondel.

117 — Agar prensenté à Abraham d'après Steuben. Départ de Rébecca d'après Schopin par M. Jazet.

118 — Combat entre les dragons du pape et des brigands et la Confession d'un brigand italien, gravés par M. Jazet d'après H. Vernet.

119 — La demande en mariage, le lettre d'abandon. Deux estampes par M. Jazet, d'après M. Destouches.

120 — Joseph chez Putiphar, Samson et Dalila. Deux estampes par M. Jazet d'après Steuben.

121 — Moïse au pays de Madian, par M. Jazet d'après M. Schopin.

122 — Douleur d'une mère arabe, gravé à l'aquatinta, par M. Jazet d'après M. H. Vernet.

123 — La Séparation des apôtres et la multiplication des pains, gravés par M. Jazet d'après MM. Dubufe et Glaire.

124 — Le Départ pour la ville et l'Orpheline, gravés par M. Jazet d'après M. Destouches. Deux estampes coloriées.

125 — Napoléon recevant le portrait de son fils la veille de la bataille de la Moscowa, par M. Jazet d'après M. Bellangé.

126 — Bataille de Wagram et la Sommosierra, d'après M. Bellangé. Deux estampes.

127 — Le Jour de Pâques à Saint-Pierre de Rome, par M. Jazet d'après M. H. Vernet. Deux estampes en couleur.

128 — La Poste au désert et l'Arabe en prière, gravés à l'aquatinta par M. Jazet d'après M. H. Vernet.

129 — Deux Chasses aux lions et aux sangliers, gravées par M. Jazet d'après M. H. Vernet.

## Gravures diverses à l'aquatinta.

130 — Le Christ couronné d'épines et Joseph vendu par ses frères. Deux pièces d'après Van Dick et Owerbeck.

131 — Accord et Jalousie d'après Beaume. Deux estampes.

132 — Le frère Philippe, gravé par M. Sixdeniers d'après M. H. Vernet. Ep. avant l. l.
133 — Aujourd'hui et demain. Deux estampes gravées par M. Jouanin d'après M. Landelle.
134 — Deux têtes. Victoria et Fadette par M. Garnier d'après J. Laure.
135 — Amour maternel. Deux estampes gravées par M. Garnier d'après Baume.
136 — Les Moissonneurs et les Pêcheurs par M. Prévolt d'après Léopold Robert. Deux estampes.
137 — La Ferme embrasée d'après M. Sheffer. La Demande en mariage d'après M. Destouche. Deux estampes.
138 — Le Premier né, d'après M<sup>me</sup> Pages. Avis aux mères d'après Vigneron. Deux estampes.
139 — Pensée d'amour et Appel au plaisir. Deux estampes.
140 — Anne de Boleyn, et Charles VI consolé par Odette. Deux estampes.
151 — Mina et Brenda, et Allan Mac Aulay. Deux estampes.
142 — Un vendredi et la Tournée pastorale, gravés par M. Rollet.
143 — Judith par Desmadyl d'après Raphael.
144 — La Transfiguration et l'Assomption de la Vierge. Deux estampes gravées par Charon.
145 — Le Nouveau Seigneur et le Marquis d'autrefois, gravés par M. Garnier d'après M. André.

146 — Le Cygne et Sara la baigneuse d'après MM. Schopin et Muller. Deux estampes.
147 — Don Quichotte, d'après M. Schopin.
148 — L'enfant volé et l'enfant trouvé, gravés par Allais d'après M. Grenier.
149 — Education du monde. Education de la nature d'après M. Holfeld.
150 — Course de taureaux d'après Juani.
151 — Madame de Ferville et la Reine de la danse. Deux estampes gravées par M. Garnier.
152. — L'Entente cordiale et le Droit de visite. Deux estampes.
153 — Razzia et sujet de l'Algérie d'après M. Philippoteaux Deux estampes en couleur.
154 — Traineau russe, Arabes surpris dans le désert. Deux estampes.

## Gravures Anglaises au burin et à la manière noire. Gravures coloriées.

155 — Bolton Abbey in the olden time, d'après Landseer.
156 — The court for the Tryal of queen Katherine, gravé par Chut d'après H. Harlow. The citation of Wycliffe. Deux estampes.
157 — Magna Charta, la grande Charte.
158 — The village festival, gravé par Smith d'après Wilkie.
159 — The highland drovers departing for the south, gravé par Watt d'après Landseer.

160 — Time of war. Time of pièce, gravés par Atkinson d'après Landseer. Deux estampes.
161 — Canterbury pilgrims at the tabard southwark, gravé par Wigstoff d'après Corbould.
162 — Wolsey receiving the cardinal's hat in Westminster abbey.
163 — Snap apple inght or ale hallow eve. Deux estampes.
164 — Alderman Newnham Lord mayor.
165 — The Melton Beakfost.
166 — The library of Holland house.
167 — Tippoo Saïbe. Quatre estampes.
168 — Scene on the coast of Africa, d'après M. Biard.
169 — Le Fort-Rouge à Calais, d'après Standfield. Epreuve avant la lettre, papier Chine.
170 — Infant children, gravé par Cousins d'après Landseer.
171 — The countess Gower, d'après Lawrence. The lady Dower.
172 — The hawk trainer, gravé par Burner d'après Landseer.
173 — The Lassie herding sheep.
174 — The Parish beadle, d'après Wilkie.
175 — Le bourgmestre Van der Weff, d'après Wappers. Epreuve avant la lettre.
176 — The highlander's return, gravé par Finden d'après Wilkie.
177 — Greenwich pensionners commemorating the battle of Trafalgar, d'après Burdett.

178 — The Boying the Stag, gravé par Reynolds d'après Tayler.
179 — The Trial of Effie Deans, gravé par Bromeley d'après Landseer.
180 — The stone breakers's daughter, gravé par Burnet d'après Landseer.
181 — Children playing with flowers, d'après Mayers.
182 — S. M. la reine d'Angleterre et le prince Albert, gravés par Partring.
183 — Be it ever so humble there's no place like home, d'après Landseer.
184 — Le Chien d'arrêt, gravé par Woollett.
185 — Full practice.
186 — Tam o'shanter fetching the Dortor.
187 — A distinguished member of humane society, d'après Landseer. Le tapageur, d°. Deux estampes.
188 — The Tethered ram, gravé par Burdett, d'après Landseer.
189 — A friend'en need a pretty kettle of fish.
190 — Les joueurs à la balle à Brighton. Avant la lettre.
191 — The Bloom of the haether. The corn flowers.
192 — Master Lambton. Miss Peel. The lady Georgiana, d'après sir Thomas Lawrence.
193 — Un portrait my wife. The painter's study. Deux estampes.

194 — Interior of a highlander's cottage a dag's sport in the highlands. Deux estampes d'après Landseer.
195 — Preparing mose for the fair Nell Gwinne.
196 — Seize pièces sujets de chiens français et anglais, gravés et lithographiés.

## Gravures coloriées.

197 — Quatre gravures en couleur. Don Juan au milieu des comédiens, d'après H. Leconte, etc.
198 — La Vie d'un gentilhomme en toutes saisons, par M. Jazet d'après de Montpezat. Quatre estampes en couleur.
199 — Rubens et Ribera, d'après M. Jacquand. Estampe coloriée.
200 — La Vue d'un navire, d'après Garnerey. Estampe coloriée.

## Gravures Anglaises coloriées.

201 — Royal horte artillery et 11ᵉ hussars Deux costumes en couleur.
202 — Sir Talton et van Tromp. Deux chevaux en couleur.
203 — Deux sujets. Chevaux, Chanel et Touchstone Deux estampes coloriées. Couleur.
204 — Voiture dans la neige. Forés coaching incidents. Deux estampes en couleur.

205 — Deux sujets. Chevaux coloriés Forès stable scenes. Couleur.
206 — Un the poultry yard (basse cour). Estampe en couleur.
207 — Six sujets. Groupe d'animaux. Hering's farm yard, en couleur. Ce lot sera divisé.
208 — The quorn hunt. Huit chasses, par Alken, en couleur.
209 — Quatre Voitures anglaises coloriées, par Alken.
210 — Deux Chasses aux renards, coloriées.

## Sujets chasses et chevaux en noir et en couleur.

211 — Douze pièces, Chevaux des haras et autres, par Adam.
212 — Un cahier de douze pièces. Le Tournoi. Etude de chevaux et de costumes, par Adam.
213 — Quatre sujets. Les Amazonnes, d'après Dreux.
214 — Deux sujets. Les Amazones d'après MM. H. Vernet et Dreux.
215 — Deux sujets. Les Amazones, d'après MM. H. Vernet et Dreux, en couleur.
216 — Quatre sujets. Amazones, par M. Janet, lithographie teintée.
217 — Quatre sujets. Motifs équestres, par M. A. de Dreux et autres.
218 — Quatre sujets. Motifs équestre, par A. de Dreux et autres.

219 — Quatre sujets. Motifs équestres, par M. Alfred de Dreux et autres, coloriés.
220 — Quatre sujets des saisons. Amazones, par Maurin aîné, en couleur.
221 — Quatre Groupes d'animaux, lithographiés par Cheville, en couleur.
222 — Quatre pièces. Souvenirs de l'Hippodrome, lithographiées d'ap. Guerard.
223 — La Pomme de discorde et la Digestion, lithographiées d'après Dreux. Épreuves coloriés.

## Costumes et Vues. Sujets saints.

225 — Vues d'Italie, par Benoist.
226 — Grand nombre de Vues de Paris et de divers pays, cathédrales, châteaux, etc.
227 — Grande Marine, par Gudin, Mozin, Morel Falio, etc.
228 — Lithographies anglaises, par Harding, Cooper, Standfieds, Prout, etc.
229 — Choix d'ornements, par Tripon, Caron, etc.
230 — Vues d'Algérie, par divers artistes.
231 — Costumes historiques et de divers pays, par Deveria, Conte-Calix, etc.
232 — Grands nombre de sujets saints, lithographiés, par Marin Lavigne et autres, d'ap. les peintres anciens et modernes.

## Lithographies diverses en noir et en couleur.

233 — La Permission de dix heures et autres. Quatre pièces.
234 — Chiens de Terre-Neuve et du mont Saint-Bernard. Six pièces.
235 — Héloïse et Abeilard, le Miracle des roses, etc. Quatre pièces.
236 — Joconde, maîtresse de Titien, etc. Quatre pièces.
237 — Corine et lord Byron, lithographiés par Aubry Lecomte. Deux pièces, épr. avant la lettre, Chine.
238 — Toilette du petit Savoyard et autres.
239 — Danaé et Vénus sortant des eaux, lithographiées par Aubry le Comte. Ep. avant la lettre, papier de Chine. Deux estampes.
240 — Fleuve Scamandre et autres. Quatre pièces.
241 — Oudme et Betzabée. Deux sujets.
242 — Marché d'esclaves, par Maurin.
243 — Le paradis de Mahomet. Six pièces.
244 — Milton, Héloïse et Abeilard. Huit pièces.
245 — Lithographies en couleur. Le Billet de confession, la Prière, le Retour, etc. Quatre pièces.
246 — Lithographies en couleur. Les Saisons, dessinés avec un entourage d'après Colin.
247 — Fidélité, Innocence, etc., d'après Fourcau. Quatre pièces.
248 — Trente sujets. Musée des rieurs et musée pour rire. Cet article sera divisé.

## Études de Paysages, Têtes, Fleurs, &c.

249 — Etudes de paysages, par MM. Calame, Cicéri, Hubert, etc.
250 — Un grand nombre d'études de dessins : têtes, paysages, ornements, têtes d'études par Julien, Lassale et autres, en noir et coloriées. Cet article sera divisé.
251 — Groupes d'études par Lafosse. Quatre pièces coloriées.
252 — Groupes d'études par Lafosse. Six pièces.
253 — Etudes d'après le tableau de la Smala de H. Vernet. Six pièces.
254 — Choix de fleurs coloriées, par Redouté, Pascal, Chirot, madame Champin, etc. Cet article sera divisé.

## Lithographies Anciennes et Modernes.

255 — Anciennes lithographies, par Guerin, Gros, Hersent, Girodet, etc.
256 — Anciennes lithographies, par Charlet de son premier temps, imp. Lasterie, Delpech, etc.
257 — Anciennes lithographies, par M. H. Vernet, dont beaucoup de pièces rares.
258 — Les artistes contemporains, grand nombre de lithographies, par Mouilleron, Leroux, Célestin, Montinel, etc.

## Vignettes Anglaises et Françaises. Eaux fortes.

259 — Portraits d'après Lawrence, Reynolds, etc, vignettes
260 — Vignettes anglaises des Keepsakes et vues de divers pays. Vignettes françaises.
261 — Plusieurs lots d'eaux fortes, par Murvy Jacques.
262 — Un très grand nombre de lithographies de tous genres, sujets, paysages, portraits, vues diverses, principes de dessins, caricatures, costumes, etc., etc. Cet article formera des lots qui seront vendus au commencement de chaque vacation.

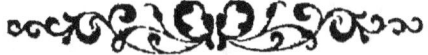

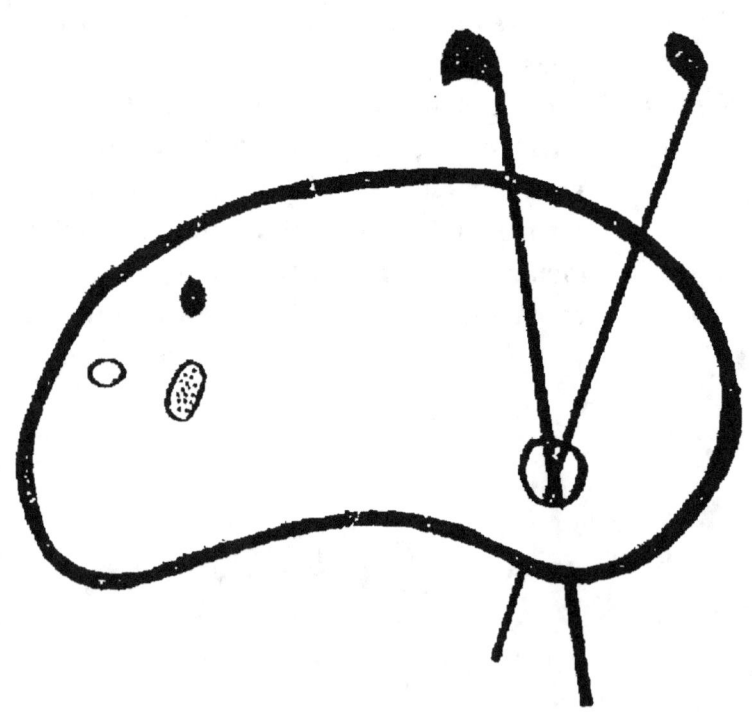

www.ingramcontent.com/pod-product-compliance
Lightning Source LLC
Chambersburg PA
CBHW030106230526
45471CB00003B/1288

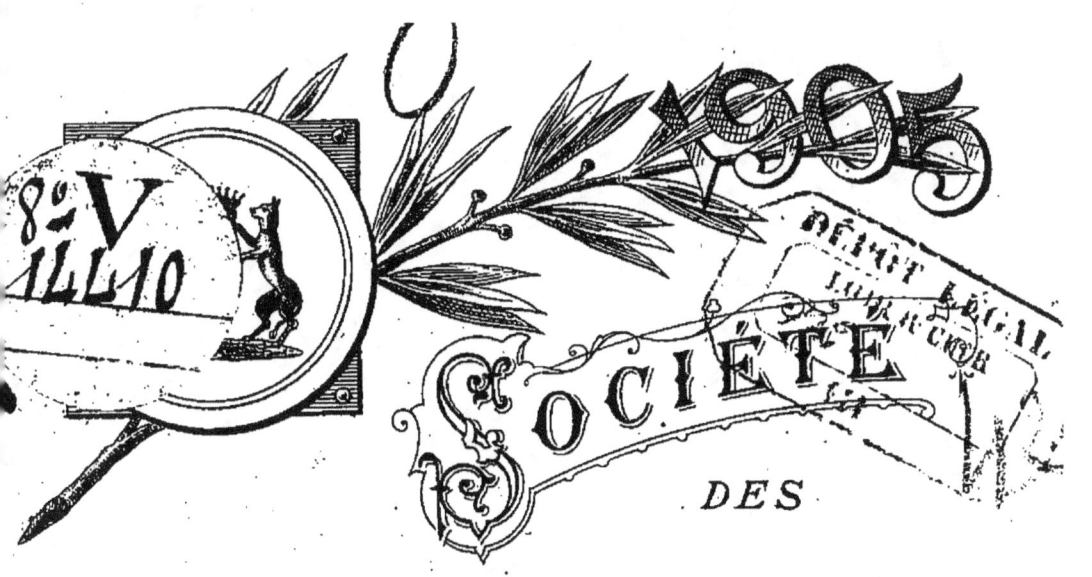

# Société des Amis des Arts de Loir-et-Cher

## XIIe Exposition

### des Beaux-Arts

— et —

### Arts Industriels Modernes

## CATALOGUE

Lith. C. MIGAULT
14, rue Pierre-de-Blois, BLOIS.